STERNZEICHENBIBLIOTHEK

SCHÜTZE

23. NOVEMBER - 21. DEZEMBER

Julia und Derek Parker

Fotos: Monique le Luhandre
Illustrationen: Danuta Mayer

arsEdition

Gewidmet Martin Bronkhorst

DK

EIN DORLING-KINDERSLEY-BUCH

Editor Tom Fraser
Art Editor Ursula Dawson
Managing Editor Krystyna Mayer
Managing Art Editor Derek Coombes
Production Antony Heller
Computer-Layout Patrizio Semproni

Bildnachweis:
S. 11: Ronald Sheridan/Ancient Art and Architecture Library;
S. 16: Tim Ridley;
Gestaltung S. 28-29: Lucy Elworthy;
Illustration S. 60-61: Kuo Kang Chen.
Umschlagbild: Peter Lawman.
Ein weiterer Dank gilt Carolyn Lancaster und John Filbey.

ISBN 3-7607-1121-9

INHALTSVERZEICHNIS

SCHÜTZE

DER SCHÜTZE, DAS NEUNTE ZEICHEN IM TIERKREIS, IST DAS ZEICHEN
DES ZENTAUREN UND BOGENSCHÜTZEN, HALB MENSCH, HALB TIER.
ER BRAUCHT ANSPRUCHSVOLLE AUFGABEN, PHYSISCH WIE GEISTIG,
UM SEIN POTENTIAL AUSSCHÖPFEN ZU KÖNNEN.

Als Schütze-Mensch sollten Sie sich vor Rastlosigkeit hüten und Ihr Zielbewußtsein stärken. Nur dadurch erlangen Sie die nötige Ausdauer, die Voraussetzung für die volle Entfaltung Ihrer Möglichkeiten und somit für Ihren Seelenfrieden.

Sie zählen zu den Forschern und Weltreisenden unter den Sternzeichen – in Gedanken und Taten. Sie gehen gerne ein Risiko ein, müssen aber versuchen, einen möglichen Hang zu Leichtsinn und zur Spielernatur im Zaum zu halten.

Zuordnungen

Bei der Lektüre dieses Buches tauchen immer wieder Hinweise auf die traditionelle Zuordnung bestimmter Elemente und Zeichen zu den einzelnen Sternbildern auf.

Die erste dieser Klassifizierungen bezieht sich auf die vier Elemente Feuer, Wasser, Erde und Luft. Die zweite unterteilt den Tierkreis in kardinale, fixe und bewegliche Zeichen. Die dritte teilt die Sternbilder in aktive männliche oder passive weibliche Zeichen ein.

Jedes Tierkreiszeichen besteht also aus einer Kombination dieser Elemente, die ihm seine jeweiligen spezifischen Eigenschaften verleihen.

Kennzeichen des Schützen

Der Schütze ist ein Feuerzeichen und verleiht seinen »Schützlingen« eine ausgeprägte natürliche Begeisterungsfähigkeit für anspruchsvolle physische oder geistige Aufgaben. Da der Schütze auch ein aktives, männliches Zeichen ist, gehören Schütze-Geborene zu den optimistischen, extrovertierten Persönlichkeiten des Tierkreises. Als bewegliches, zweiseitiges Zeichen verhilft er auch zu großer Vielseitigkeit.

Herrschender Planet ist der Jupiter, Gigant des Sonnensystems und ein mächtiger Gott in der römischen Mythologie. Die Farben des Schützen sind satte Purpur- und dunkle Blautöne.

Der Tierkreis

Die Zuordnung der verschiedenen Elemente und Eigenschaften zu den zwölf Sternzeichen zeigt dieses Tierkreis-Rad. Im weiteren Verlauf dieses Buches finden sich auch Hinweise auf einander entgegengesetzte oder polare Sternzeichen. Sie lassen sich ebenfalls aus dieser Abbildung ablesen.

WIDDER
FISCHE
WASSERMANN
STIER
STEINBOCK
ZWILLINGE
SCHÜTZE
KREBS
SKORPION
LÖWE
JUNGFRAU
WAAGE

FEUER
KARDINAL
ERDE
MÄNNLICH BEWEGLICH LUFT
WEIBLICH FIX WASSER

Mythen und Legenden

DER TIERKREIS, ENTSTANDEN VOR ETWA 2500 JAHREN IN ·
BABYLONIEN, IST EIN HIMMELSGÜRTEL VON STERNBILDERN, DURCH
DIE DIE SONNE IM LAUFE EINES JAHRES HINDURCHWANDERT.

Das Sternbild des Schützen erhielt wahrscheinlich erstmals in Babylonien Namen und Gestalt.

Die Figur des Zentauren mit seinem Bogen tauchte im alten Ägypten erst wesentlich später auf als in Babylonien, wo er auf Grenzsteinen eingraviert war. Dennoch liegt die Herkunft des Zeichens ziemlich im Dunklen, es gibt keine eindeutig mit ihm verknüpfte Sage.

Antikes Griechenland und Rom

Im antiken Griechenland war der Schütze vermutlich identisch mit einem Satyr namens Krotus, der mit seinen Stiefschwestern, den Musen, auf dem Berg Helikon lebte. Die Satyrn waren die Diener des Gottes Dionysos, sie hatten Ziegenbeine und Pferdeschwänze und galten als recht zügellos. Zu dieser Zeit hatte der Schütze nur zwei Beine.

Später wurde er als vierbeiniger Zentaur beschrieben, etwa vom römischen Schriftsteller Manilius, der im ersten Jahrhundert v. Chr. eine Reihe von astrologischen Mythen aufzeichnete, sowie dem großen Astronomen Hipparchus. Die Zentauren, ebenfalls Diener des Dionysos, lebten in Thessalien. Ihre Köpfe und Rümpfe stammten vom Menschen, der restliche Körper vom Pferd. Wahrscheinlich rührt die Legende um die Zentauren von einem in Thessalonien ansässigen Volksstamm her, der von der Viehzucht lebte. Eine Übersetzung des Wortes »Zentauren« lautet denn auch: »Die das Vieh zusammentreiben«. Wie die amerikanischen Cowboys ritten die Thessaloniker beim Viehhüten auf Pferden.

Allgemein standen die Zentauren im Ruf, Freude an Grausamkeiten zu haben und ständig wilde Trinkgelage und wüste Orgien zu veranstalten.

Cheiron der Zentaur

Einige Astrologen sind der Meinung, daß der Ur-Schütze ein Zentaur na-

Achilles und Cheiron

Dieses spätrömische Bildnis zeigt Cheiron, wie er Achilles in der Reitkunst unterrichtet. Außer Achilles unterrichtete Cheiron einen weiteren großen Helden, nämlich Jason.

mens Cheiron war, der mit gewöhnlichen Zentauren nichts gemein hatte außer seinen Körper. Zentauren galten als rohe Geschöpfe, Cheiron aber war durch sein menschliches Erbteil liebenswürdig und gebildet und ein guter Freund vieler Götter und Helden.

Lehrer von Jason und Achilles

In vielen Künsten einschließlich der Wahrsagerei bewandert, unterrichtete Cheiron so berühmte Helden wie Jason, der das Goldene Vlies raubte, und Achilles, der bei der Eroberung Trojas durch einen tragischen Pfeilschuß in seine sprichwörtlich verwundbare Ferse getötet wurde. Cheiron gab dem jungen Achilles Löweneingeweide und Bärenmarkknochen zu essen, die ihm

Mut verleihen sollten; er lehrte ihn auch die edlen Künste: Reiten, Jagen, die Heilkunst und das Flötenspiel.

Cheiron war ein Unsterblicher, nachdem er aber versehentlich von einem der tödlichen Giftpfeile des Helden Herakles verwundet worden war, mußte er entsetzliche Schmerzen ertragen. Er fürchtete, daß seine Wunde nie mehr heilen würde, deshalb gab er die Gnade der Unsterblichkeit an Prometheus weiter, den Vater aller Künste und Wissenschaften.

Der Göttervater Zeus wollte, daß ein so edles Geschöpf wie Cheiron in der Erinnerung weiterlebte. Er beschloß, ihn als Sternbild zu verewigen, mit demselben Heraklespfeil, der Prometheus erlöste.

SCHÜTZE
SYMBOLE

JEDEM STERNZEICHEN SIND TRADITITONELL BESTIMMTE KRÄUTER,
GEWÜRZE, PFLANZEN, EDELSTEINE, METALLE UND TIERE ZUGE-
ORDNET. MANCHES DAVON IST EHER AMÜSANT, ANDERES DAGEGEN
FINDEN WIR IN NATURHEILKUNDE UND MEDIZIN WIEDER.

Blumen
*Löwenzahn, Limonen, Garten-
und Federnelken verbindet man
traditionell mit dem Schützen.*

LÖWENZAHN

PUSTEBLUME

NELKEN

Bäume

*Zu den Schütze-Bäumen gehören
Eiche, Birke, Linde, Maulbeerbaum,
Kastanie und Esche.*

BIRKE

Kräuter

*Zitronenmelisse ist ein
typisches Schütze-Kraut.
Gezuckerter Sirup aus
diesem Kraut war einst
ein verbreitetes Haus-
mittel gegen Magen-
beschwerden
und Unwohl-
sein.*

EICHE

Gewürze

*Mit dem Schützen verbindet
man keine bestimmten
Gewürze, manchmal wird
allerdings Piment erwähnt.*

ZITRONENMELISSE

PIMENT

SCHÜTZE
SYMBOLE

JAGDHUND-
BROSCHE

WILDBROSCHE

INDISCHE PFERDE-
GEWÜRZDOSE

HIRSCHKOPF AUS BRONZE

Edelsteine

Der Topas ist der Stein des Schützen. Wird er als Talisman getragen, sollte er aus dem Schütze-Land Spanien stammen.

TOPAS

ROHZINN

Tiere

Alle Tiere der Jagd, Groß- und Kleinwild sowie Pferde gehören zur Domäne des Schützen.

ALTGRIECHISCHE
BRONZEPFERDE

Metall

Zinn ist seit jeher das Metall des Schützen, am besten hochglanzpoliert.

PHYSIOGNOMIE

MIT IHRER UNBEKÜMMERTHEIT MACHEN SCHÜTZEN DEN EINDRUCK, ALS HÄTTEN SIE KEINERLEI SORGEN. FÜR WENIGER POSITIV GESTIMMTE MENSCHEN HABEN SIE IMMER EIN LÄCHELN UND EIN AUFMUNTERNDES WORT ÜBRIG.

Ihre Haltung – meist breitbeinig und die Hände in den Hüften – wirkt entschlossen. Vermutlich tragen Sie den Kopf erhoben, so als spähten Sie zum entfernten Horizont.

Der Körper

Der Oberkörper des Schützen ist oft etwas untersetzt und sehr muskulös. Ein Körper, der weniger zur Büroarbeit als zu Sport und Bewegung taugt. Es gibt viele hervorragende Tänzer und Basketballspieler unter den Schützen. Sie haben vermutlich lange Beine. Hüften und Schenkel sind bei Schütze-Geborenen häufig stark ausgebildet, oft sogar zu stark, sehr zum Leidwesen mancher Schütze-Frauen. Falls Sie die meiste Zeit bei sitzender Tätigkeit verbringen, neigen Sie zu

Das Schütze-Gesicht
Hohe Stirn und ein spähender Blick sind typische Schütze-Merkmale.

schlechter Haltung mit krummem Rücken und runden Schultern.

Das Gesicht

Das Schütze-Gesicht hat einige typische Merkmale: welliges, kräftiges Haar, vielleicht etwas schwierig zu bändigen; die breite, offene Stirn verstärkt noch seinen optimistischen Gesichtsausdruck. Seine Augen stehen weit auseinander, die Augenbrauen sind gerade; meist sind die Lippen kräftig und immer bereit für ein entspanntes Lächeln.

Der persönliche Stil

Schützen bevorzugen häufig eine »studentische« Aufmachung, auch wenn sie längst schon im Berufsleben stehen.

Die Haltung des Schützen
Typisch Schütze: eine entschlossene Haltung, Beine gespreizt, Hände in den Hüften und den Kopf erhoben ...

Sehr wahrscheinlich hassen Sie formelle Kleidung und ziehen sich so bequem als möglich an. Rollkragenpullis und Hemden mit weichen Kragen sind bei Schütze-Männern und -Frauen sehr beliebt. Es empfiehlt sich für Sie, Kleidung mit genügend Bewegungsfreiheit zu tragen. Daß Ihre Kleider bequem sind, ist sogar äußerst wichtig, denn fühlen Sie sich eingeengt, kann das bei Ihnen geradezu zu klaustrophobischen Zuständen führen. Königsblau und Purpur, die Lieblingsfarben der Schützen, findet man wahrscheinlich in Ihrem Kleiderschrank.

Auftreten
Schützen kümmern sich nicht sonderlich um ihre äußere Erscheinung, normalerweise führt Sie ihre Lebenseinstellung zu anderen, interessanteren Dingen. Selbst modebewußte Schützen kaufen am liebsten gleich mehrere Kleidungsstücke auf einmal: das Thema Kleidung ist damit erst einmal erledigt, das Leben kann weitergehen. Ähnlich geht es am Morgen zu: nach dem Anziehen wollen Sie möglichst bis zum Abend keinen Gedanken mehr an Ihre Kleidung verschwenden. Es könnte sein, daß Sie die meiste Zeit im Jogging- oder Trainingsanzug herumlaufen und sich pudelwohl fühlen.

Der unabhängige Schütze schätzt die Notwendigkeit zu Anpassung und Uniformität nicht sonderlich. Seien Sie aber vorsichtig, wenn Sie die gesellschaftlichen Spielregeln ändern wollen, zum Beispiel bei der Wahl der Kleidung am Arbeitsplatz.

PERSÖNLICHKEIT

SCHÜTZEN SIND DANN IN HOCHFORM, WENN SIE GEFORDERT
WERDEN. IHR WACHER VERSTAND LÄSST SIE RASCH DIE GESAMTE
SITUATION ERFASSEN UND DEN BESTEN WEG ZUR PROBLEMLÖSUNG
FINDEN, GANZ GLEICH, WELCHE SCHWIERIGKEITEN ES GIBT.

Manchmal hat man den Eindruck, Menschen mit dem Sternzeichen Schütze hätten das Geheimnis der ewigen Jugend für sich entdeckt; sie scheinen auch nie aufzuhören, Neues zu lernen. Wenn man sie nach ihren Plänen für die nächsten Monate fragt, ist mit großer Sicherheit eine Arbeitsgruppe, ein Seminar oder eine Vorlesungsreihe dabei. Falls sie nicht der intellektuelle Typ sind, erzählen sie mit Begeisterung vom neuen Sportverein, dem sie gerade beigetreten sind.

Im Beruf

Die Dualität des Schützen übt einen interessanten Einfluß auf sein Berufsleben aus, da sie seine Vielseitigkeit verstärkt. Vielen Schütze-Menschen macht es Spaß, zwei völlig unterschiedlichen Beschäftigungen nachzugehen oder zumindest reiche Abwechslung in einer zu haben. Meist sind sie in ihrem Element, wenn sie verschiedene Begabungen einsetzen können; sie erledigen eine Aufgabe und wenden sich dann einem Gebiet zu, das ganz andere Anforderungen an sie stellt.

Verhalten

In der Regel brauchen Schützen sowohl die physische als auch die psychische Herausforderung. Es gibt allerdings Schütze-Charaktere, die sich entweder nur für körperliche oder nur für geistige Betätigung begeistern.

Es gibt die Bücherwürmer, die sich überhaupt nichts aus Sport machen, und es gibt die Sportfanatiker, die an harten Mannschaftssportarten Gefallen finden, auch wenn Ihre beste Zeit schon längst vorbei ist. In beiden Fällen klammern sich die Schützen doch etwas an ihre Jugend.

Den meisten Schützen machen Reisen großes Vergnügen; falls dies unmöglich ist, gibt es immer noch Reiseliteratur und Videos. Womöglich haben Sie eine Vorliebe für Sprachen, es wäre bestimmt keine schlechte Idee,

Jupiter beherrscht den Schützen

*Jupiter, der römische Gott der Philosophie und der Sprachen,
steht für den Planeten, der den Schützen beherrscht. Schütze-Geborene sind
optimistisch und aufrichtig, aber manchmal etwas eingebildet.*

etwas Zeit und Geld zu investieren, um
diese spezielle Begabung zu fördern.

Das Gesamtbild

Die Begeisterungsfähigkeit der Schützen ist üblicherweise grenzenlos und
ansteckend. Sie äußert sich häufig auch
in riskantem Verhalten, besonders im
Sport. Prüfen Sie solche Risiken immer

ganz besonders sorgfältig und gehen
Sie auf Nummer Sicher. Es ist auch gut
möglich, daß Sie ab und zu einem kleinen Spielchen nicht abgeneigt sind;
manche Schützen haben leider das
Pech, davon unwiderstehlich angezo-
gen zu werden. Für Schützen mit eher
schwacher Selbstbeherrschung kann es
hier echte Probleme geben.

SCHÜTZE
BERUFE

EINE VORAUSPLANBARE KARRIERE LIEGT IHNEN AM MEISTEN.
BERECHENBARKEIT IST ANSONSTEN KEIN POSITIVFAKTOR, SIE
BRAUCHEN DIE FREIHEIT, DINGE AUF IHRE ART ERLEDIGEN ZU
KÖNNEN. SCHÖN, WENN IHR BERUF MIT REISEN VERBUNDEN IST.

Tierarzt
*Liebe zu Tieren, besonders zu Pferden und
Hunden, ist ein ausgeprägter Schütze-
Charakterzug. Viele Schützen bringt er
dazu, ein engagierter Tierarzt zu werden.*

MEDIKAMENTE FÜR TIERE

Lehrer
*Der Zentaur, das Zeichen für Schütze,
symbolisierte einst die Erziehung.
Viele Schützen sind Lehrer und
unterrichten Sprachen.*

TAFEL UND KREIDE

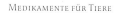

FLUGZEUG-
MODELL

Tourismusbranche
Schützen lieben das Reisen und streben danach, ihren Horizont zu erweitern. Zum Reiseleiter und Fremdenführer sind sie daher hervorragend geeignet.

Juristerei
Da die meisten Schützen Diskussionen und Debatten schätzen und für gewöhnlich keine Schwierigkeiten haben, ihre Meinung deutlich zu machen, eignen sie sich hervorragend als Rechtsanwälte.

GEBUNDENE
BÜCHER

Medien
Schützen haben ein starkes Bestreben, das eigene Wissen zu erweitern und auch andere dazu anzuspornen. Viele Menschen dieses Sternzeichens fühlen sich deshalb zu den Medien hingezogen.

JURISTISCHE
DOKUMENTE

GESUNDHEIT

IHRE ZWEISEITIGE SCHÜTZE-NATUR LÄSST SIE SPORTLICH
UND KÖRPERLICH AKTIV SEIN. ZUGLEICH SIND SIE
LERNBEGIERIG UND GEISTESORIENTIERT. IM IDEALFALL SOLLTEN
SIE BEIDE NEIGUNGEN IM GLEICHGEWICHT HALTEN.

Schützen müssen ihre körperliche und geistige Energie intensiv verwerten. Von beidem haben Sie mehr als genug, es wäre schade, wenn Sie sie nicht nutzten. Auf Herausforderungen reagieren Sie generell gut, kein Wunder bei Ihrer positiven Lebenseinstellung.

Richtige Ernährung

Als Körperzone des Schützen gelten seit jeher die Hüften und Schenkel. Da die Schütze-Geborenen gerne etwas zu fett und zu schwer essen, können sie manchmal Schwierigkeiten mit dem Gewicht bekommen.

Für Sie könnte das Zellsalz Kali Muriaticum (Kali Mur.) nützlich sein; es kann Bronchialstau und geschwollene Drüsen vermeiden helfen.

Vorsorge

Das Schütze-Organ ist die Leber. Sie sollten sich besondere Mühe geben, herauszufinden, was Ihnen gut tut und was nicht. Setzen Sie sich Grenzen beim Essen und Trinken. Vielleicht sollten Sie auch immer ein Anti-Kater-Mittel im Badezimmerschrank haben – noch besser wäre ein selbstgemixter Vitamintrunk.

Rastlosigkeit kann für Schützen zum Problem werden. Können Sie nicht mehr richtig entspannen? Ein Berufswechsel hilft meist in solchen Fällen.

Spargel
*Schütze-Nahrungsmittel sind
Zwiebeln, Spargel und Tomaten.*

Astrologie und Medizin

Viele Jahrhunderte lang war es unmöglich, die Heilkunst ohne astrologisches Wissen auszuüben. Auf den europäischen Universitäten umfaßte die medizinische Ausbildung die Lehre von den Auswirkungen der Himmelskonstellationen auf die Anwendung von Medikamenten. Gelehrt wurden der Aderlaß, der richtige Zeitpunkt zum Kräutersammeln oder zum Brauen eines Heiltrunks. Jedes Sternzeichen beherrscht einen Teil des Körpers. Von Kopf (Widder) bis Fuß (Fische) – in den Lehrbüchern findet man immer die entsprechende Abbildung eines »Tierkreismannes« oder »-frau«.

HOBBYS

JEDES STERNZEICHEN HAT BESTIMMTE VORLIEBEN IM HOBBY-
UND FREIZEITBEREICH ODER BEVORZUGT BESTIMMTE REISEZIELE.
DIESE VORSCHLÄGE SIND NICHT VERBINDLICH, ABER ES LOHNT
SICH AUF JEDEN FALL, SIE AUSZUPROBIEREN.

Reisen

*Ungarn, Australien und Spanien
gehören zu den vom Schützen regierten
Ländern. Spanien ist Top-Favoritin
für den Urlaub.*

BRIEFMARKEN

Lesen

*Schützen sind Studenten
auf Lebenszeit und genießen
das Lernen - besonders von
Fremdsprachen, und sie
lesen gern.*

BÜCHER

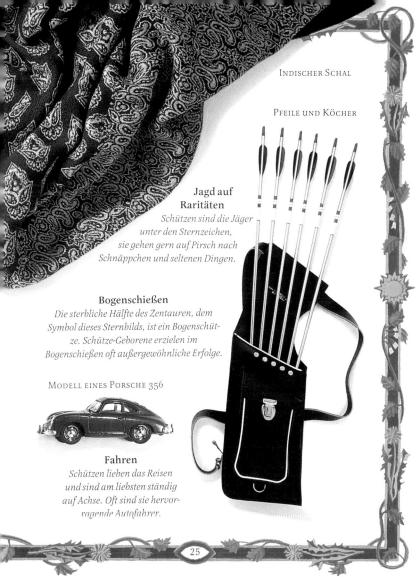

INDISCHER SCHAL

PFEILE UND KÖCHER

Jagd auf Raritäten

Schützen sind die Jäger unter den Sternzeichen, sie gehen gern auf Pirsch nach Schnäppchen und seltenen Dingen.

Bogenschießen

Die sterbliche Hälfte des Zentauren, dem Symbol dieses Sternbilds, ist ein Bogenschütze. Schütze-Geborene erzielen im Bogenschießen oft außergewöhnliche Erfolge.

MODELL EINES PORSCHE 356

Fahren

Schützen lieben das Reisen und sind am liebsten ständig auf Achse. Oft sind sie hervorragende Autofahrer.

SCHÜTZE
LIEBE

SCHÜTZEN SIND DIE JÄGER DES TIERKREISES. IN DER LIEBE
WIE AUCH IN ANDEREN LEBENSBEREICHEN NIMMT SIE DIE HERAUS-
FORDERUNG DURCH DIE JAGD VOLL IN ANSPRUCH. SIE
IST VIELLEICHT NOCH AUFREGENDER ALS DIE EROBERUNG SELBST.

S chützen werden durch Hindernis-
se erst entflammt. Wenn das
Objekt Ihrer Zuneigung »Rühr-mich-
nicht-an« spielt, kann es ganz schön
aufregend für Sie werden.

Als Liebender
Die natürliche Begeisterung der Schützen für Liebe und Sex ist ziemlich an-

steckend. Menschen Ihres Sternzeichens fällt es leicht, Partner anzuzie-
hen. Sie haben ein sehr ausgeprägtes
Bedürfnis nach Unabhängigkeit. Das
Gefühl, eingeschränkt zu werden, können Sie nie und nimmer ertragen. Genau das müssen Ihre Partner verstehen
und Ihnen genügend Freiraum zugeste-
hen, falls die Beziehung halten soll.

Sobald sie sich die Hörner abgesto-
ßen haben, sind die Schützen sehr um-
gängliche Partner, gerade wegen ihrer
Lebenslust, ihrem Optimismus und der
Fähigkeit, ihre Partner zu ermutigen,
eigenen Interessen nachzugehen.

Liebestypen
Der Einfluß anderer Planeten bringt
die Menschen eines Tierkreiszeichens
dazu, ihr Liebesleben an einem von
fünf Modellen auszurichten. Es ist
meist recht einfach herauszufinden, zu welcher Gruppe Sie gehören. Manche Schützen sind echte Ro-
mantiker, sie haben Liebesaffären mit

all den erinnerungs-
würdigen Zutaten.
Entweder stürzen sie
sich in eine Beziehung,
weil sie sich ein bißchen
in die Liebe selbst verliebt
haben, oder sie zögern, weil sie sich
nicht für einen Partner entscheiden
können. Die zweite Gruppe liebt leidenschaftlich und sehr gefühlsbetont.
Eigentlich untypisch für Schützen,
neigen sie ungeachtet der Tatsache,
daß sie meist den selben Freiraum wie
ihre Partner beanspruchen, auch zur
Eifersucht.

In der dritten Gruppe wird
auf wahrhaft typische Schützen-
art geliebt, der Vorbemer-
kung wird mit Vergnügen
zugestimmt.

Wieder andere sind
überraschend zurückhal-
tend und viel vorsichti-
ger in ihrer Einstellung
zur Liebe. Sie gehören
nicht zu denen, die alle

Chancen wahrnehmen, sondern
sind ihrem Partner treu.
Zur letzten Gruppe gehören
die Schützen mit einem
generellen Bedürfnis nach
Unabhängigkeit, sie kosten
ihr Liebesleben voll aus.
Menschen aus dieser
Gruppe werden es
höchstwahrscheinlich
vermeiden, ernsthafte
Absichten in eine Be-
ziehung einzubringen.
Der Drang nach einem
eigenen, nur auf sie
selbst zugeschnittenen
Lebensstil ist einfach
zu stark.

WOHNUNG

SCHÜTZE-WOHNUNGEN MACHEN EINEN SEHR GERÄUMIGEN
EINDRUCK, VIELLEICHT DURCH DEN GESCHICKTEN EINSATZ VON
SPIEGELN. UND DAS IST GUT SO: DENN MÖBEL, BÜCHER,
VERZIERUNGEN UND PORZELLAN BESETZEN JEDES FREIE ECKCHEN.

In einer Schütze-Wohnung ist meist die Absicht klar erkennbar, alles zu vermeiden, was zu einer beengten Atmosphäre führen könnte. Große Fenster und geräumiges, großzügiges Wohnen stehen deshalb ganz oben auf der Wunschliste.

Einrichtung

Als einer der Jäger im Tierkreis gehen Sie vermutlich gerne auf Straßenmärkte und in Antiquitätengeschäfte auf der Suche nach Schnäppchen, die praktisch und nach Ihrem Geschmack sind. Schützen wählen normalerweise ihre Möbel nicht nach Ausgefallenheit, sondern Haltbarkeit aus. Sie haben es zwar gerne gemütlich, genauso wichtig oder sogar wichtiger ist jedoch der Platz fürs Bücherregal, beziehungswei-

Weltkugel
Die Einrichtung des Schütze-Geborenen spiegelt seine Reiselust wider.

se für die Bücherberge und die Sportausrüstung, die so sehr zum Lebensstil des Schützen gehören.

Möbelstoffe

Die Kissen in Ihrem Zuhause mögen etwas zerknittert und strapaziert sein, dafür wirken sie einladend und bequem. Viele Gegenstände, etwa die Orientbrücken, stammen aus fernen Ländern, die Vorhangstoffe können manchmal sehr ungewöhnliche Muster haben. Schützen mögen das klare, kraftvolle und zeitlose Design eines William Morris, das ihre Energie und die Vorliebe für warme Farben widerspiegelt. Dunkelblau und Purpur sind beliebte Farben, ebenso die Gelb-, Rot- und Goldtöne des Schütze-Elements Feuer.

Bücher
Das wohlsortierte Bücherregal
verrät den lebenslangen Studenten.

Accessoires

Schützen besitzen häufig einen sehr lebhaften Geist. Die Einrichtungsgegenstände in Ihrer Wohnung, bestimmt auch der Gesamteindruck, werden daher auf Ihre Besucher faszinierend wirken und Stoff für anregende Gespräche bilden. Bei Gemälden suchen Sie meist weite Landschaften aus. Schützen vertragen eben nichts Einengendes.

Mit Sicherheit findet man bei Ihnen eher interessante als einfach nur dekorative Reiseandenken. Manche Schützen spielen gerne Gitarre, ein Ehrenplatz ist dann sicher für das Instrument reserviert.

Entweder Bücher oder Sporttrophäen, manchmal auch beides, je nach Charakter,

findet man an prominenter Stelle. Es können auch Dinge in Ihrer Wohnung anzutreffen sein, die mit Ihrer religiösen Überzeugung zusammenhängen, etwa Kruzifixe oder Heiligenbilder.

Ordentlichkeit zählt nicht gerade zu den Eigenschaften, die man spontan mit einem Schützen verbindet. Vermutlich stellen Sie Ihre Habseligkeiten eher zufällig in der Wohnung an ihren Platz, um sie dann von Zeit zu Zeit wieder umzuräumen.

Gitarre, Brücke und Truhe
Eine Gitarre erhält oft den
Ehrenplatz; der spanische
Einfluß kann hier zutage treten.

DER
MOND
UND
SIE

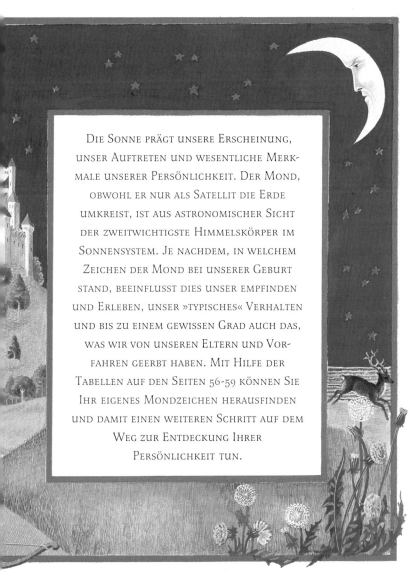

DIE SONNE PRÄGT UNSERE ERSCHEINUNG, UNSER AUFTRETEN UND WESENTLICHE MERKMALE UNSERER PERSÖNLICHKEIT. DER MOND, OBWOHL ER NUR ALS SATELLIT DIE ERDE UMKREIST, IST AUS ASTRONOMISCHER SICHT DER ZWEITWICHTIGSTE HIMMELSKÖRPER IM SONNENSYSTEM. JE NACHDEM, IN WELCHEM ZEICHEN DER MOND BEI UNSERER GEBURT STAND, BEEINFLUSST DIES UNSER EMPFINDEN UND ERLEBEN, UNSER »TYPISCHES« VERHALTEN UND BIS ZU EINEM GEWISSEN GRAD AUCH DAS, WAS WIR VON UNSEREN ELTERN UND VORFAHREN GEERBT HABEN. MIT HILFE DER TABELLEN AUF DEN SEITEN 56-59 KÖNNEN SIE IHR EIGENES MONDZEICHEN HERAUSFINDEN UND DAMIT EINEN WEITEREN SCHRITT AUF DEM WEG ZUR ENTDECKUNG IHRER PERSÖNLICHKEIT TUN.

DER MOND IM
WIDDER

SONNE WIE MOND STANDEN BEI IHRER GEBURT IN
EINEM FEUERZEICHEN. SIE HABEN DAHER EINE ÄUSSERST POSITIVE
LEBENSEINSTELLUNG UND STELLEN SICH SPONTAN AUF
NEUE SITUATIONEN EIN.

Einige Ihrer Charakterzüge wurden vielleicht durch zusätzliche Aspekte Ihrer Geburtskonstellation etwas abgeschwächt, sonst sind Sie sehr lebhaft und aufgeschlossen.

Persönlichkeit

Sie sind jederzeit bereit, auch beängstigende Herausforderungen spontan anzunehmen. Tatsächlich stürzen Sie sich sogar häufig unüberlegt in ein Abenteuer, ohne die Folgen zu bedenken.

Sie sind phantasievoll und besitzen vielleicht mehr als andere Schützen die Fähigkeit, eine Situation in ihrem wesentlichen Kern zu erfassen. Wenn es jedoch ans Detail geht, geben Sie klein bei. Übertragen Sie bestimmte Aufgaben daher anderen, oder lernen Sie sie mit Disziplin zu meistern.

Liebesleben

Ihre Begeisterung für Liebe und Sex müßte eigentlich garantieren, daß Sie im Leben eine Menge Spaß haben. Womöglich nehmen Sie Ihre Partnerbeziehungen nicht allzu ernst, da Ihre Leidenschaft sich eher unbeschwert gibt.

Beachten Sie, daß die größte Widder-Schwäche der Egoismus ist, den Ihre Partner manchmal zu spüren bekommen. Geistige und körperliche Energie besitzen Sie im Überfluß. Sie brauchen deshalb einen Partner, der mit Ihnen mithalten kann.

Gesundheit

Die Körperzone des Widders ist der Kopf. Womöglich bekommen Sie schnell Kopfschmerzen, vielleicht ausgelöst durch Enttäuschung über die Unfähigkeit oder Trägheit Ihrer Mitmenschen, auf Sie einzugehen. Auch leichte Nierenbeschwerden sind möglich. Sollten Ihre Kopfschmerzen chronisch sein, lassen Sie sich von einem Arzt untersuchen.

Widder-Menschen haben es oft etwas zu eilig; die Folge sind kleinere Unfälle mit gottseidank eher harmlosen

Der Mond im Widder

Schnitt- und Brandwunden und kleinen Beulen vom Autofahren. Das Wissen um diese Veranlagung hilft Ihnen, sie besser zu beherrschen. Physisch sind Sie ziemlich belastbar, und Ihr Stoffwechsel ist recht flott.

Finanzen

Schützen sind Spielernaturen, und mit dem Mond im Widder verstärkt sich diese Tendenz noch. Vermutlich sagt Ihnen das Anlagegeschäft zu, Ihre Glücksspielader kann Ihrem Geschäftssinn aber durchaus einen Strich durch die Rechnung machen. Finger weg von Projekten, die alles versprechen und nichts halten!

Familie

Kinder sind bei Ihnen gut aufgehoben, Sie sind junggeblieben und fördern die Interessen Ihres Nachwuchses nach Kräften. Generationskonflikte wird es kaum geben, höchstens im umgekehrten Sinn: womöglich vergessen Sie manchmal Ihr eigenes Alter.

DER MOND IM
STIER

IHR STIER-MOND MILDERT IHRE ALLZU HITZIGEN CHARAKTERZÜGE,
BESONDERS WENN SIE MIT BELASTUNGEN KONFRONTIERT SIND.
ER HILFT IHNEN, IHRE UNNÖTIGE RISIKOBEREITSCHAFT UND IHREN
BLINDEN OPTIMISMUS ZU ZÜGELN.

Der Mond ist im Stier, so die klassische Astrologie, »am richtigen Platz«. Deshalb ist sein Einfluß auf Sie um einiges stärker als auf andere Schützen.

Persönlichkeit

Der Stier ist, wie der Schütze, ein Erdzeichen. Er verhindert voreiliges Handeln und gibt einen Schuß Vorsicht, gesunden Menschenverstand, ja sogar eine reichliche Portion Geduld dazu, eine Tugend, die einem beim Schützen nicht sofort einfällt. In den meisten Situationen bleiben Sie erst einmal ruhig. Sie lassen sich Zeit, die Situation einzuschätzen, bevor Sie mit Schwung und Begeisterung – eben auf Schütze-Art – darangehen.

Liebesleben

Sie besitzen die Herzenswärme, die man vom Stier kennt, sie wird bei einer Liebesbeziehung als erstes zum Vorschein kommen. Ihr Stier-Mond verleiht Ihnen natürlichen Charme, ohne den Sex-Appeal der Schützen-Sonne zu schmälern.

Denken Sie auch an die größte Stier-Schwäche: die Besitzgier. Als freiheitsliebender Schütze-Mensch verabscheuen Sie diesen unmöglichen Charakterzug, Ihr Mond kann Sie aber in diese Richtung drängen. Denken Sie daran und achten Sie auf erste Anzeichen!

Gesundheit

Die Körperzone des Stiers ist der Rachen, Erkältungen beginnen meist dort. Möglicherweise treten auch Probleme mit den Mandeln auf.

Menschen mit starkem Stier-Einfluß neigen zu schneller Gewichtszunahme, oft wegen ihrer »süßen Ader«. Schützen mögen kräftiges, herzhaftes Essen, es kann nicht schaden, gewohnheitsmäßig auf die Kalorien zu achten, Ihre Figur wird es Ihnen danken. Die lässige Lebenseinstellung des Stiers

Der Mond im Stier

darf nicht die Oberhand gewinnen, wenn es um Körperertüchtigung geht. Denken Sie daran: Schützen dürfen niemals einrosten.´

Finanzen

Sie handeln vorsichtig und sind geschäftstüchtig. Deshalb können Sie mit Geld wesentlich besser umgehen als die meisten anderen Schützen. Auch wenn Sie Ihrem Spieltrieb nachgeben, werden Sie vermutlich nicht mehr Geld verlieren, als Sie sich leisten können.

Familie

Sie haben die Dinge gut im Griff, Sie erziehen Ihre Kinder genau richtig, und zeigen ihnen, wo ihr Standort ist.

Die Energie Ihrer Schütze-Sonne macht Sie zu einem optimistischen und ihre Kinder aufs Beste unterstützenden Elternteil, positive Bemerkungen und Ihre herzliche Zuneigung lassen die Kinder aufblühen.

Mit ihren Ideen halten Sie ebenfalls leicht Schritt, Generationskonflikte, so scheint es, wird es daher wohl kaum geben.

DER MOND IM
ZWILLING

SCHÜTZE UND ZWILLING SIND POLARE STERNZEICHEN, SIE WURDEN
ALSO UNTER VOLLMOND GEBOREN. RASTLOSIGKEIT IST EINE
ZWILLINGS-EIGENSCHAFT, GEGEN DIE SIE ANKÄMPFEN SOLLTEN.
SEIEN SIE FLEXIBEL, ABER AUCH AUSDAUERND.

Jeder von uns neigt in irgendeiner Weise dazu, auch Eigenschaften des unserem Zeichen entgegengesetzten, polaren Sternzeichens zu entwickeln. Jedes Zeichen hat seinen Gegenpart im Horoskop. Für Schützen ist es der Zwilling, und weil der Mond bei Ihrer Geburt dort stand, hat diese Polarität einen hochinteressanten und sehr kraftvollen Einfluß auf Ihre Persönlichkeit.

Persönlichkeit

Schütze und Zwilling sind beide bewegliche Zeichen, Sie sind deshalb flexibel und geistig wach, Ihr Verstand ist vielseitig interessiert.

Ein weiteres Merkmal dieser Sternzeichen ist ihre Dualität. Womöglich neigen Sie dazu, mehr als eine Sache gleichzeitig anzupacken, was für Sie völlig selbstverständlich ist. Sie brauchen sich es nicht abzugewöhnen, allerdings müssen Sie Oberflächlichkeit vermeiden, was auch ein Effekt

der Dualität ist. Setzen Sie immer alles daran, eine Sache auch zu Ende zu bringen.

Bedenken Sie auch: Rastlosigkeit ist eine Schützen- und Zwillingsschwäche und verstärkt sich noch bei den unter Vollmond Geborenen.

Liebesleben

Ihr Liebesleben profitiert von der Leidenschaftlichkeit Ihrer Schütze-Sonne, dazu kommt der Zwillings-Mond, der Sie zum Dauerflirt anstachelt. Ihre Dualität kann sich hier ganz natürlich entfalten. Denken Sie daran, diese Strömungen unter Kontrolle zu halten. Es lohnt sich!

Außer in erotischer Hinsicht muß mit Ihrem Partner auch eine niveauvolle geistige Beziehung möglich sein; Sie brauchen das sogar noch mehr als andere Schützen.

Gesundheit

Der Zwilling regiert Arme und Hände,

Der Mond im Zwilling

hier können bevorzugt Verletzungen auftreten. Ebenso beherrscht er die Lungen; womöglich sind Sie daher für Bronchitis anfällig. Achten Sie auf anhaltenden Husten; sollten Sie rauchen, schränken Sie es so schnell wie möglich ein.

Ihr Zwillings-Mond verleiht Ihnen jede Menge nervöse Energie, mit körperlichem Training können Sie dem am besten begegnen.

Finanzen

Es ist ratsam, in Geldangelegenheiten immer fachlichen Rat einzuholen. Ihre Schütze-Spielleidenschaft könnte sich mit der Zwillings-Vorliebe für das schnelle Geld zusammentun, mit üblen Folgen für Ihren Geldbeutel.

Familie

Was die neuesten Trends betrifft, sind Sie vielleicht sogar Ihren Kindern voraus, allerdings kann ein Hang zur Inkonsequenz Ihr Verhältnis stören. Achten Sie darauf, daß Ihre Kinder immer wissen, wie sie mit Ihnen dran sind, so vermeiden Sie Generationskonflikte.

DER MOND IM
KREBS

SIE BRAUCHEN UNABHÄNGIGKEIT, DIE MÖGLICHKEIT ZUR FREIEN ENTFALTUNG UND EMOTIONALE SICHERHEIT. DANACH STREBEN SIE INSTINKTIV UND MIT ALLER KRAFT. WEN SIE LIEBEN, BESCHÜTZEN SIE. AUCH SCHÄTZEN SIE SOLIDARITÄT SEHR.

Die Verbindung des Feuerzeichens Schütze mit dem Wasserzeichen Krebs ergibt einige gegensätzliche Charakterzüge, die Sie zu Ihrem Vorteil anwenden sollten. Da der Mond den Krebs beherrscht, ist der Einfluß des Mondzeichens besonders stark.

Persönlichkeit

Sie sind wesentlich sensibler, aber auch verletzlicher als viele andere Schützen. Sie neigen zu Stimmungsschwankungen; zwar besitzen Sie den Optimismus und die Begeisterungsfähigkeit des Schützen, reagieren aber erst einmal vorsichtig. Wenn Sie gefordert werden, schaltet sich sofort ein angeborener Selbstverteidigungsmechanismus ein.

Liebesleben

Sie lieben sehr sinnlich und besitzen eine Reihe von positiven Eigenschaften, die Ihnen eine dauerhafte und zugleich prickelnde Beziehung ermög-

lichen. Ihr Gefühlsleben ist besonders lebhaft, besitzen Sie doch die mächtigen, brennenden Gefühlsströme des Schützen, die Sie zu leidenschaftlicher Liebe anspornen. Sie zeigen aber auch die eher zärtlichen Regungen des Krebses, Sie gehen deshalb wunderbar auf die Bedürfnisse Ihrer Partner ein.

Liebesbeziehungen sehen Sie vermutlich nicht so unbekümmert wie die meisten Schützen; achten Sie jedoch darauf, daß diese zahlreichen positiven Seiten nicht durch Krebs-Launenhaftigkeit und den Hang zur Grobheit verdorben werden.

Gesundheit

Die Körperzone des Krebses umfaßt den Brustbereich. Krebsgeborene bekommen zwar auch nicht häufiger Krebs als andere Menschen, Schütze-Frauen sollten aber zu den üblichen Untersuchungen gehen.

Schützen gehören zu den Menschen, die sich am wenigsten über

Der Mond im Krebs

Probleme aufregen, Krebs-Menschen dafür umso mehr. Die positiven Seiten Ihrer Persönlichkeit lassen Sie den Ärger bewältigen, Ihre Verdauung kann Ihnen jedoch unter Streß zu schaffen machen. Krebsgeborene sind oft gute und leidenschaftliche Köche, Schützen lieben schmackhaftes, kräftiges Essen. Übergewicht kann die Folge sein, im Verein mit zu wenig sportlicher Betätigung.

Finanzen

In Geldangelegenheiten haben Sie eine glückliche Hand. Die Schütze-Spielleidenschaft wird durch einen klugen, angeborenen Geschäftssinn abgemildert. Folgen Sie Ihrem Instinkt, wenn Sie Geld anlegen. Verzichten Sie im Zweifelsfall jedoch nicht auf den Rat eines Experten.

Familie

Sie behüten und schützen Ihre Kinder mehr als die meisten Schützen. Übertreiben Sie hier nicht, sondern ermutigen Sie die Kinder mit Ihrer Begeisterungsfähigkeit.

Wenn Sie nicht zu sentimental werden und mit den Ideen der Jungen Schritt halten, wird es keine Generationskonflikte geben.

DER MOND IM
LÖWEN

IHR LÖWE-MOND LÄSST SIE AN PROBLEME GUT VORBEREITET UND
SACHLICH HERANGEHEN. IHRE VORLIEBE FÜR HERAUSFORDERUNGEN
WIRD NOCH VERSTÄRKT DURCH IHRE FÜHRUNGSQUALITÄTEN. ACHTEN
SIE JEDOCH DARAUF, NICHT DIKTATORISCH ZU WIRKEN.

Sonnen- wie Mondzeichen gehören zum Element Feuer, Sie haben daher eine Menge Begeisterungsfähigkeit und Optimismus, und Ihre Lebenseinstellung ist äußerst positiv.

Persönlichkeit

Vielleicht sind Sie etwas konservativer als die meisten Schützen; gerade das verhilft Ihnen zu Ihrer natürlichen Eleganz und zu einem ausgeprägten Sinn für echte Werte. Auf der anderen Seite verleiht Ihnen Ihr Sonnenzeichen einen klaren Verstand und womöglich ein hohes Maß an Kreativität.

Sie können gut mit Menschen umgehen und besitzen wahrscheinlich ein ausgeprägtes Organisationstalent. Generell hält Sie Ihre Schützen-Sonne davon ab, wichtigtuerisch oder herrisch aufzutreten; nehmen Sie es jedoch ernst, wenn man Ihnen diese Eigenschaften zum Vorwurf macht.

Insgesamt sind Sie äußerst großmütig und nicht nachtragend.

Liebe

Sie sind ein sehr leidenschaftlicher und gefühlvoller Liebhaber; dem zukünftigen Partner machen Sie stilvolle Avancen. Sie schaffen eine aufwendige, romantische Atmosphäre und tun alles, was in Ihrer Macht steht, um Ihrem Schatz ein glückliches, ja glückseliges Leben zu ermöglichen.

Sie geben Ihren Partnern jegliche Unterstützung, und da Ihnen Treue sehr viel bedeutet, lassen Sie Ihre Blicke seltener umherschweifen als andere Schützen.

Gesundheit

Die Körperzone des Löwen umfaßt den Rücken und die Wirbelsäule, Sie tun gut daran, das nicht zu vergessen und Ihren Trainingsplan auch auf diese Zone abzustimmen. Sie brauchen einen Stuhl mit guter Rückenlehne, falls Sie viel Zeit am Schreibtisch verbringen. Das Löwe-Organ ist das Herz, halten Sie es fit!

Der Mond im Löwen

Die meisten Sonnenzeichen-Schützen brauchen nicht nur körperliche Betätigung, sie genießen sie auch. Durch Sport und Bewegung in Form zu bleiben, dürfte für Sie daher kein Problem sein. Ihr Löwe-Mond bewegt Sie vielleicht zum Tanzen, einer guten Alternative zum Fitneßclub und zu den Mannschaftssportarten.

Finanzen

Sie brauchen eine Menge Geld für Ihren angenehmen Lebensstil. Sie haben große Dinge im Kopf, womöglich sind Sie sehr verschwenderisch. Geschäftlich sind Sie aber nicht un-

talentiert, gerade im Anlagegeschäft, vorausgesetzt, Ihre Schütze-Spielernatur und Ihre Neigung, alles auf eine Karte zu setzen, bleiben unter Kontrolle. Suchen Sie sich eine oder zwei wirklich solide, sichere Anlageformen heraus.

Familie

Ihre Kinder gedeihen prächtig unter Ihrer positiven, lebhaften Anteilnahme. Manchmal halten Ihre Kinder Sie vielleicht für etwas wichtigtuerisch, wenn Sie sich aber Ihren Sinn für Humor bewahren, wird es keine Generationskonflikte geben.

DER MOND IN DER
JUNGFRAU

ZÖGERN SIE NICHT IN SCHWIERIGEN SITUATIONEN – SIE NEIGEN
NÄMLICH ZUR SELBSTUNTERSCHÄTZUNG. VORSICHT VOR ALLZUVIEL
ANSPANNUNG UND RASTLOSIGKEIT! SIE KÖNNEN SICH GUT MIT-
TEILEN UND LIEBEN DIE ARBEIT AN DETAILS.

Schütze und Jungfrau sind beide bewegliche Zeichen; Sie besitzen einen flexiblen Verstand und hervorragende geistige Fähigkeiten.

Persönlichkeit

Anders als Sie halten die meisten Schützen Details für langweilig und kommen nicht damit zurecht. Für Sie dagegen kann es wichtiger sein, zuerst einen Blick auf Details und dann auf das Ganze zu werfen.

Sie gehen kritisch und analysierend auf Probleme zu, Ihre Schütze-Vielseitigkeit kommt innerhalb der weiten Grenzen eines oder zweier Hauptgebiete zum Tragen. Sie haben die Fähigkeit, sich mitzuteilen und mit Ihren Ideen andere zu überzeugen.

Liebesleben

Ihre Schütze-Leidenschaftlichkeit wird durch den Jungfrau-Mond abgemildert, was Ihr Liebesleben etwas hemmen kann. Ihre angeborene Bescheidenheit

führt auf diesem Gebiet womöglich zu einem mäßigen Selbstbewußtsein. In Wirklichkeit haben Sie einiges zu bieten, setzen Sie sich nicht selbst herab!

Eine echte Jungfrau-Schwäche ist das Herumnörgeln und Herumkritisieren am Partner, oft ohne rechten Grund. Ihr Schütze-Sonnenzeichen wird diese Neigung bekämpfen und Ihnen helfen, den Mund zu halten, wenn es wieder losgeht.

Gesundheit

Die Jungfrau-Körperzone ist der Magen. Schützen machen sich selten Sorgen, Jungfraugeborene dafür umso öfter. Ihr Magen kann interessanterweise vor Ihrem Verstand Alarm schlagen. Die Ernährung sollte ballaststoffreich sein, vielleicht sogar vegetarisch – wie bei vielen Jungfrau-Menschen. Ihr Potential an nervöser, angestauter Energie ist riesig, Streßphasen können Sie ziemlich übel zurichten. Beruhigende, auf die Mitte gerichtete Übungen,

Der Mond in der Jungfrau

wie etwa Yoga, können Ihnen nur gut-
tun. Tun Sie viel für Ihren sportlichen
Ausgleich, mit Wandern, Spazieren-
gehen, Radfahren und Gartenarbeit.

Hüten Sie sich dennoch vor Ihrer
Schütze-Spielernatur, seien Sie selbst-
kritisch, wenn sie die Oberhand gewinnen will.

Finanzen

Mit Ihren Finanzen gehen Sie vorsich-
tiger um als die meisten Schützen, es
fällt Ihnen leicht, Geld zu sparen und
unnötige Ausgaben zu vermeiden. Ihre
Fähigkeit, ins Detail zu gehen, kann
Ihnen bei der Buchführung oder beim
Beobachten des Aktienmarktes helfen.

Familie

Die Schütze-Begeisterungsfähigkeit
bringt Farbe in Ihr Verhältnis zu den
Kindern. Trotzdem, Ihre Jungfrau-
typischen kritiklastigen Reaktionen
wirken auf Ihre Kinder schroffer, als
Sie denken. Achten Sie mehr auf die
Bedürfnisse Ihrer Kinder.

DER MOND IN DER
WAAGE

SIE VERHALTEN SICH IN DEN MEISTEN SITUATIONEN SEHR GELASSEN.
MACHEN SIE STATTDESSEN HÄUFIGER GEBRAUCH VON IHREN
VIELFÄLTIGEN SCHÜTZE-FÄHIGKEITEN. KÖRPER UND GEIST DÜRFEN
NICHT EINROSTEN.

Das Feuer Ihrer Schütze-Sonne und die Luft Ihres Waage-Monds harmonieren ausgezeichnet. Sie besitzen eine warmherzige, anziehende Persönlichkeit und gehen verständnisvoll und offen auf andere Menschen zu.

Persönlichkeit
Schützen sind manchmal nicht sehr taktvoll, bedingt durch ihren typischen Übereifer. Das trifft auf Sie nicht zu, Ihr Waage-Mond hilft Ihnen, diese Eigenschaften kleinzuhalten, Sie können sogar richtig diplomatisch sein.

Auf Herausforderungen reagieren Sie vermutlich nicht so zustimmend und positiv wie viele Mit-Schützen. Wenn Sie aber erst einmal eine Entscheidung getroffen haben, wird Ihnen Ihre Schütze-Sonne den rechten Weg weisen.

Zu Ihren Eigenschaften gehört auch eine recht lässige Art; man könnte glauben, Sie durch nichts aus der Ruhe bringen zu können. Möglicherweise

wäre es gut, wenn Sie sich zu der Überzeugung durchringen, daß etwas mehr Selbstdisziplin und Organisationsfreude nicht schaden könnten, um das Beste aus Ihren Fähigkeiten zu machen.

Liebesleben
Vermutlich sind Sie romantischer als viele andere Schützen; Sie haben eine Vorliebe für zauberhafte Liebesnester. In einer Liebesbeziehung sind Sie ein wunderbarer Partner, immer fair und mit einem offenen Ohr für die Bedürfnisse Ihres Lieblings.

Gesundheit
Die Nieren sind das Waage-Organ und womöglich der Grund für Kopfschmerzanfälligkeit. Waage-Mond-beeinflußte Schützen verlieren sehr oft die Lust am Sport und geben ihn auf. Das sollten Sie vermeiden, müssen Schützen doch jede Menge körperliche Energie loswerden, und Lethargie paßt überhaupt nicht zu Ihnen.

Der Mond in der Waage

Ihr Waage-Mond lockt Sie manchmal in die Süßwarenabteilung, drastische Gewichtszunahme kann die Folge sein. Stellen Sie das Gleichgewicht durch Ihren baldigen Eintritt in einen guten Fitneßclub mit breitem Trainingsangebot wieder her.

Finanzen

Sie sind sehr großzügig und in Gelddingen nicht unbedingt sehr vernünftig. Die notorische Schütze-Spielernatur und Ihr Waage-Drang, andern aus der Patsche zu helfen, könnten Finanzprobleme bewirken. Investieren Sie nicht zuviel in einen Bereich, verleihen Sie kein Geld und setzen Sie nicht mehr aufs Spiel, als Sie sich leisten können.

Familie

Sie sind enthusiastisch und gütig mit Ihren Kindern, es besteht aber die Gefahr, sie allzu sehr zu verwöhnen. Denken Sie daran: Unentschlossenheit macht es den Kindern schwer, den eigenen Standort zu finden. Halten Sie Schritt mit ihren Ideen, dann wird es keinen Generationskonflikt geben.

DER MOND IM
SKORPION

IHR AUSGEPRÄGTER SCHÜTZE-WEITBLICK WIRD UNTERSTÜTZT VON DER
GABE, PROBLEME AN DER WURZEL ZU PACKEN. DAS VERDANKEN SIE
IHREM MONDZEICHEN. SIE KÖNNEN WILD UND LEIDENSCHAFTLICH
SEIN, MÜSSEN SICH ALLERDINGS VOR EIFERSUCHT HÜTEN.

Schütze und Skorpion sind beide mit großer physischer und seelischer Energie ausgestattet. Schütze-Geborene zeigen das durch ihre lebhafte, positive Art; Skorpion-Menschen wollen immer zum Kern der Dinge vordringen, sie sind häufig intuitiv veranlagt.

Persönlichkeit
Ihre Energiereserven sind schier unerschöpflich, Ihre Anlagen beneidenswert. Sie besitzen Weitblick und haben schwierige, herausfordernde Situationen stets im Griff. Ihr Durchhaltevermögen bei harten körperlichen und geistigen Anforderungen ist unerreicht. Mit diesen Voraussetzungen liegt es auf der Hand, daß Sie voll und ganz zu Ihren Lebenszielen stehen müssen – und daß das Ziel immer größer als das Erreichte bleibt. Kaum ein Schütze-Mensch leidet so stark wie Sie unter einem unausgelasteten, scheinbar nichtssagenden Leben.

Liebesleben
Nur Ihr Liebesleben ist noch wichtiger für Sie als der Drang nach einer erfüllten Existenz. Auf diesem Gebiet leisten Sie wirklich ganze Arbeit, Sie tragen viel zum Gelingen einer dauerhaften Beziehung bei. Aber Sie sind auch schwierig und brauchen äußerst tatkräftige und leidenschaftliche Partner.

Der Hauptfehler des Skorpions ist die Eifersucht, von Ihrem Schütze-Sonnenzeichen heftig mißbilligt. Womöglich stört es Sie, wenn Ihr Partner harmlos flirtet; Sie selbst aber genießen jedes Stückchen Freiheit in einer Partnerbeziehung.

Gesundheit
Die Körperzone des Skorpions umfaßt die Geschlechtsorgane. Regelmäßige Vorsorgeuntersuchungen sind für alle, unabhängig vom Sonnenzeichen, zu empfehlen. Ihre Gesundheit und Ihr Wohlbefinden richten sich hauptsächlich nach Ihrer seelischen und körperli-

Der Mond im Skorpion

chen Energie. Treiben Sie regelmäßig Sport, alle Wassersportarten müßten Ihnen liegen.

Finanzen

Sie können sehr geschickt mit Geld umgehen, falls Sie Ihren angeborenen Geschäftssinn und Ihre Intuition einsetzen. Risikogeschäfte reizen Sie, am Ende kann ein Schritt jedoch womöglich in die falsche Richtung gehen. In solchen Phasen ist der Skorpion schlauer als der Zentaur.

Familie

Sie sind stets hingebungsvoll und ermutigend, vielleicht etwas streng. Kinder schätzen ein Leben mit festen Vorgaben, das gibt ihnen ein Gefühl der Sicherheit. Seien Sie aber nicht übereifrig und lassen Sie sich das Vergnügen, mit Ihren Kindern zusammen zu sein, nicht durch überkommene Erziehungsmethoden verderben. Fördern Sie die Interessen und die Phantasie der Kinder und halten Sie Schritt mit ihnen, um Konflikte zu vermeiden.

DER MOND IM
SCHÜTZEN

SONNE UND MOND STANDEN BEI IHRER GEBURT BEIDE IM SCHÜTZEN,
SIE SIND ALSO UNTER NEUMOND GEBOREN. DER SCHÜTZE IST EIN
FEUERZEICHEN, DIESES ELEMENT BEEINFLUSST IHRE PERSÖNLICHKEIT
UND IHR HANDELN.

Wenn Sie eine Auflistung Ihrer Sonnenzeichen-Eigenschaften durchgehen, merken Sie wahrscheinlich, daß die Mehrzahl davon auf Sie zutrifft. Die meisten Menschen finden von vielleicht 20 Sonnenzeichen-Eigenschaften elf oder zwölf für sie zutreffend. Bei Ihnen steigt dieser Durchschnittswert jedoch beträchtlich, da Sonne und Mond beide im Schützen standen, als Sie geboren wurden.

Persönlichkeit

Sie besitzen nicht nur die Eigenschaften Ihres Sonnenzeichens, Sie verhalten sich auch so. Wenn jemand mit einer neuen Idee zu Ihnen kommt, entzündet sich sofort Ihre Begeisterung, Sie wollen unbedingt dabeisein.

Mögliche Stolpersteine oder Probleme stören Sie wohl kaum, es reicht, dagegen anzugehen, wenn sie da sind. Ihren anfänglichen Enthusiasmus müssen Sie am Kochen halten, sonst geben Sie schnell Ihrer Rastlosigkeit

nach, der ernstzunehmendsten Schütze-Schwäche.

Sie können unglaublich vielseitig sein, müssen aber lernen, auszuwählen und sich Beständigkeit anzueigenen. Ihre geistigen und körperlichen Energievorräte sind enorm, auf beiden Gebieten dürfen Sie keinen Stillstand zulassen.

Liebesleben

Sie sind leidenschaftlich und genießen Liebe und Sex im jugendlichen Überschwang. Sie brauchen ein pralles Liebesleben, und Ihr Partner muß auch geistig sehr anregend für Sie sein.

Treue ist für Sie nicht unbedingt selbstverständlich, Ihre Partner müssen akzeptieren, daß Sie auf diesem Gebiet ein großes Maß an Freiheit brauchen.

Gesundheit

Gesundheit und Wohlbefinden der Schütze-Geborenen wurden auf den

Der Mond im Schützen

Seiten 22 und 23 beschrieben. Auf Sie als „Doppel-Schützen" treffen diese Aussagen mit größter Wahrscheinlichkeit zu. Übertreiben Sie es nicht mit schwerem Essen. Sie nehmen schnell zu, und zwar an den Hüften und Oberschenkeln – das gilt besonders für Frauen. Ein straffes Trainingsprogramm und einige der etwas Mut erfordernden Sportarten sind für Sie genau richtig.

Finanzen

Ihre Schütze-Spielernatur kann ab und zu die Oberhand gewinnen, außerdem reizt Sie das schnelle Geld. Diese gefährlichen Leidenschaften müssen Sie im Zaum halten, vertrauen Sie dem Rat der Finanzexperten, wenn Sie Geld anlegen wollen, egal, wie verlockend ein Geschäft auch aussehen mag.

Familie

Sie gehören zu den leidenschaftlichsten Elternteilen, Sie ermutigen stets Ihre Kinder, das Beste aus ihren Anlagen zu machen. Vermutlich sorgen Sie dafür, daß Ihre Kinder eine ebenso erfüllte Zeit wie Sie selbst erleben.

Sie halten mühelos mit ihren Ideen Schritt, und Generationskonflikte wird es kaum geben.

DER MOND IM
STEINBOCK

SIE SIND SEHR LEISTUNGSFÄHIG UND ARBEITEN MIT VORLIEBE AN
EHRGEIZIGEN PROJEKTEN MIT. IHR ERDVERBUNDENER
STEINBOCK-MOND FÜGT IHREM CHARAKTER DAS PRAKTISCHE HINZU
– VIELLEICHT AUCH DEN HANG ZUM NÖRGELN.

Zwischen Schütze und Steinbock gibt es einige schlagende Gegensätze, und daher besitzen Sie eine facettenreiche Persönlichkeit mit großen Möglichkeiten, die auf vielfältige Weise verwirklicht werden können.

Persönlichkeit
Ihre Schütze-Sonne verleiht Ihnen brennende Begeisterung und eine positive Lebenseinstellung. Andererseits macht das Erdelement Ihres Mondzeichens Sie recht vorsichtig, Sie gehen viel seltener Risiken ein als andere Schützen.

Sie sind sehr ehrgeizig, und wenn Sie eine schwierige Aufgabe annehmen, haben Sie schon das Resultat vor Augen. Danach planen Sie die nötigen Schritte zur Erreichung dieses Ziels.

Schützen können sich meist gut artikulieren; Sie halten bestimmt nicht hinter dem Berg, wenn Sie sich in irgendeiner Form von mangelnder Effektivität behindert fühlen.

Nehmen Sie es zur Kenntnis, wenn man Ihnen – ganz Schütze-untypisch – zu heftiges Nörgeln vorwirft.

Liebesleben
Sie zeigen Ihre Gefühle nicht so überschwenglich wie viele Menschen Ihres Sonnenzeichens, am Anfang einer Beziehung halten Sie sich gerne etwas zurück. Das soll nicht heißen, daß Sie kein wirklich lohnendes, erfülltes Liebesleben haben können.

Vermutlich sind Sie treuer und riskieren seltener ein Auge als die meisten Schützen. Sie brauchen etwas Zeit, um sich auf eine feste neue Beziehung einlassen zu können.

Gesundheit
Die Körperzone des Steinbocks umfaßt die Knie und die Schienbeine. Hier besteht Verletzungsgefahr, besonders durch Sport. Längere Schmerzen und ernsthafte Probleme sind durch rechtzeitige Behandlung vermeidbar.

Der Mond im Steinbock

Zähne, Haut und Skelett gehören auch zum Einflußbereich des Steinbocks, hüten Sie sich vor Gelenksteife, bleiben Sie in Form! Gehen Sie regelmäßig zum Zahnarzt und benutzen Sie eine Sonnencreme. Sie haben vermutlich einen raschen Stoffwechsel, Gewichtsprobleme dürfte es keine geben.

Finanzen

Steinbock-Menschen sind in Geldangelegenheiten meist vorsichtig, oft auch recht geschickt. Sie sehen gerne zu, wie das Geld mehr wird, die Schütze-Spielleidenschaft stellt wahrscheinlich keine Gefahr dar. Finanzielle Risiken gehen Sie nur ein, wenn Sie sicher sind, sich den Verlust des eingesetzten Betrags leisten zu können.

Familie

Ein dickes Plus ist Ihr Sinn für Humor, allerdings reagieren Sie vielleicht etwas reserviert auf Vorschläge Ihrer Kinder – eigentlich Schütze-untypisch. Wenn Sie Spaß daran haben, mit Ihren Kindern Schritt zu halten, gibt es auch keinen Generationskonflikt.

DER MOND IM
WASSERMANN

SCHÜTZE UND WASSERMANN SIND BEIDES ZEICHEN, DIE UNAB-
HÄNGIGKEIT LIEBEN. UNTERDRÜCKEN SIE IHREN HANG, ANDERE
MENSCHEN KÜHL UND DISTANZIERT ZU BEHANDELN – ER KÖNNTE
IHRE WUNDERBARE SCHÜTZE-EINSTELLUNG ZUR LIEBE VERDERBEN.

Das Feuerelement Schütze und das Luftelement Wassermann er-
gänzen sich wunderbar, Sie sind des-
halb der Individualist unter den mit
Sonnenzeichen Schütze Geborenen.
Sie gehören aber auch zu denen, die
nichts dringender brauchen als Unabhängigkeit und freie Entfaltungsmög-
lichkeiten.

Persönlichkeit
Ihr Lebensstil hat wahrscheinlich sehr
individuelle Züge, Sie sind warmherzig
und freundlich, brauchen aber unbedingt Ihre physischen und psychischen
Freiräume. Kleinlichkeit, Pedanterie
und Nörgeleien sind nichts für Sie.

Liebesleben
Der Mond im Wassermann gibt Ihrer
Persönlichkeit Glanz und Zauber;
wenn mögliche Partner auf Sie zuge-
hen, können Sie allerdings kühl und
distanziert reagieren. Sie brauchen
zuerst eine längere Phase der Freundschaft und des geistigen Austauschs,
bevor Ihre lebhafte Schütze-Leiden-
schaft voll ausbrechen kann. Ihr Liebesleben kann sehr erfüllt sein, Ihr
Unabhängigkeitsbedürfnis muß aber
befriedigt werden. Vielleicht warten
Sie solange, bis Sie den verständnis-
vollen Partner gefunden haben, der
Ihnen diesen Freiraum zugesteht.

Gesundheit
Die Knöchel gehören zur Wassermann-
Körperzone, hier besteht Verletzungsgefahr. Der Kreislauf wird ebenfalls
vom Wassermann beherrscht.

Ziehen Sie sich warm an, wenn
Sie knackig kaltes Wetter schätzen.
Vielleicht mögen Sie Skifahren, Schlitt-
schuhlaufen oder Tanzen. Auf alle
Fälle sollten Sie irgendeinen Sport
betreiben.

Leichte Kost bekommt Ihnen hervorragend, auch wenn Sie – Schütze-
typisch – die schwereren Sachen
bevorzugen.

Der Mond im Wassermann

Finanzen

Womöglich fällt es Ihnen recht schwer, regelmäßig etwas zur Seite zu legen, da Sie modische Kleidung und edle Einrichtungsgegenstände lieben; Sie legen sich ins Zeug für ein offensichtlich lukratives Anlagegeschäft, nur um dann festzustellen, daß Sie aufs falsche Pferd gesetzt haben. Für Sie lohnt es sich, einen Experten hinzuzuziehen. Am allerbesten wäre es, Sie stellten einen Investmentplan auf, der einen Teil Ihres festen Monatsgehalts an der Quelle anlegt, bevor Sie ihn ausgeben. Vergessen Sie nicht, Ihre Schütze-Spielernatur fällt leicht auf attraktive, aber riskante Projekte herein.

Familie

Sie sind sehr vital und haben keine Probleme, Ihre Kinder zu verstehen. Halten Sie Schritt mit Ihren Ideen, dann gibt es keine Probleme. Zeigen Sie Ihren Kindern die Zuneigung, die Sie für sie empfinden, und vermeiden Sie unberechenbares Verhalten.

DER MOND IM
FISCH

SOWOHL SCHÜTZE ALS AUCH FISCH SIND DUALE TIERKREISZEICHEN,
SIE SIND DAHER SEHR VIELSEITIG. ALLERDINGS WERDEN SIE ETWAS
MEHR BESTÄNDIGKEIT UND SELBSTDISZIPLIN BRAUCHEN, UM IHRE
VOLLE LEISTUNGSFÄHIGKEIT ZU ERREICHEN.

Schütze und Fisch sind beide bewegliche Zeichen, dadurch sind Sie sehr anpassungsfähig und zwanglos. Noch dazu handelt es sich um duale Zeichen. Der Fisch wird symbolisiert durch zwei in entgegengesetzte Richtungen schwimmende Fische, der Schütze durch ein Zwitterwesen, halb Mensch, halb Pferd. Diese Symbole stehen für ein hohes Maß an Vielseitigkeit, beneidenswerte Leistungsfähigkeit, aber auch für ein ähnlich hohes Maß an Rastlosigkeit.

Persönlichkeit

Sie brauchen eine große Palette von verschiedensten Betätigungsfeldern, sollten aber auch Ausdauer entwickeln, einmal Begonnenes zur eigenen Zufriedenheit auch zu Ende bringen. Schwierige Aufgaben gehen Sie auf komplizierte Art und Weise an: Zuerst zögerlich und ohne rechtes Selbstvertrauen, entscheiden Sie sich dann doch für eine Vorgehensweise; am Ende machen Sie – ohne ersichtlichen Grund – das genaue Gegenteil, was sich schließlich als Fehler herausstellt. Ihr Sonnenzeichen verleiht Ihnen einen klaren, scharfen Verstand und großen Ideenreichtum, womöglich auch Kreativität. Seien Sie streng zu sich selbst und nützen Sie dieses Potential aus.

Liebesleben

Sie sind fürsorglich, liebevoll und leidenschaftlich, brauchen aber einen starken Partner, der das Beste in Ihnen weckt und Ihre Schütze-Begeisterung entflammt. Ihrem Liebespartner können Sie sehr viel geben, Ihr Liebesleben verläuft prächtig.

Der schwache Punkt des Fisches ist die Unaufrichtigkeit; belügen Sie sich nicht selbst, besonders, wenn es um die Gefühle Ihrer Partner für Sie geht.

Gesundheit

Die Fisch-Körperzone sind die Füße, bequeme Schuhe sind möglicherweise

Der Mond im Fisch

schwer zu finden. Rückfallgefahr besteht bei schwerem Essen.

Tanzen oder Schlittschuhlaufen sind geeignete Sportarten gegen unerwünschte Gewichtszunahme.

Finanzen

Sie fragen sich manchmal, wo Ihr Geld geblieben ist. Die Anwort lautet: Sie haben es für Schnickschnack ausgegeben; vielleicht kann Ihnen ein starker, sachlicher Partner – oder ein netter Bankdirektor – helfen, einen vernünftigen Haushaltsplan aufzustellen.

Wenn Sie etwas Geld übrig haben, fragen Sie zuerst einen Geldexperten, bevor Sie es anlegen. Verleihen Sie kein Geld und spenden Sie nicht so großzügig, daß Sie selbst ein Fall für die Wohlfahrt werden.

Familie

Sie sind sehr warmherzig und fürsorglich, allerdings verwöhnen Sie gerne Ihre Kinder. Greifen Sie durch, auch wenn Sie nicht gern streng sind. So geben Sie den Kindern eine sichere Basis.

Sie haben stets ein offenes Ohr für die Probleme Ihrer Kinder. Generationskonflikte wird es daher kaum geben.

MONDTABELLEN

DIE MONDTABELLE NENNT IHNEN IHR PERSÖNLICHES MONDZEICHEN.
LESEN SIE IM ENTSPRECHENDEN KAPITEL IHRE EIGENSCHAFTEN.

Suchen Sie in der Mondtabelle auf den Seiten 57 bis 59 Ihr Geburtsjahr und Ihren Geburtsmonat und merken Sie sich das astrologische Symbol am Kreuzungspunkt der beiden. Suchen Sie in der Monatstage-Tabelle auf Seite 56 Ihr Geburtsdatum und merken Sie sich die danebenstehende Zahl. Zählen Sie nun in der Zeichen-Tabelle daneben von dem astrologischen Symbol aus der Mondtabelle so viele Stellen nach unten, wie die Zahl aus der Tabelle neben Ihrem Geburtstag angibt. Springen Sie bei Bedarf von *Fische* zu *Widder*. So finden Sie Ihr Mondzeichen.

Beispiel: 21. Mai 1991. Unter Mai 1991 findet man in der Mondtabelle das Symbol Schütze (♐). Neben der Geburtszahl 21 steht die 9. Man zählt nun in der Zeichen-Tabelle von Schütze 9 Stellen nach unten und kommt zur Jungfrau (♍). Das Mondzeichen für den 21. Mai 1991 ist also Jungfrau.

Beachten Sie, daß der Mond sehr rasch wandert! Falls Sie das Gefühl haben, die Attribute Ihres Mondzeichens treffen nicht auf Sie zu, lesen Sie die Kapitel über das jeweilige Mondzeichen davor bzw. danach; in einem dieser drei finden Sie sich auf jeden Fall wieder.

MONATSTAGE-TABELLE

UND ZAHL DER ZUM ASTROLOGISCHEN SYMBOL
ZU ADDIERENDEN STELLEN

TAG	PLUS	TAG	PLUS	TAG	PLUS	TAG	PLUS
1	0	9	4	17	7	25	11
2	1	10	4	18	8	26	11
3	1	11	5	19	8	27	12
4	1	12	5	20	9	28	12
5	2	13	5	21	9	29	1
6	2	14	6	22	10	30	1
7	3	15	6	23	10	31	2
8	3	16	7	24	10		

STERNZEICHEN

♈	WIDDER
♉	STIER
♊	ZWILLINGE
♋	KREBS
♌	LÖWE
♍	JUNGFRAU
♎	WAAGE
♏	SKORPION
♐	SCHÜTZE
♑	STEINBOCK
♒	WASSERMANN
♓	FISCH

	1923	1924	1925	1926	1927	1928	1929	1930	1931	1932	1933	1934	1935
JAN	♊	♏	♈	♌	♐	♈	♍	♑	♉	♎	♓	♋	♏
FEB	♌	♐	♉	♍	♑	♊	♏	♓	♋	♐	♈	♌	♑
MRZ	♌	♑	♉	♍	♒	♋	♏	♓	♋	♐	♉	♍	♑
APR	♎	♓	♋	♏	♈	♍	♑	♉	♍	♒	♊	♎	♓
MAI	♏	♈	♌	♐	♉	♎	♒	♊	♎	♓	♋	♐	♈
JUN	♑	♉	♍	♒	♋	♏	♓	♌	♐	♉	♍	♑	♊
JUL	♒	♋	♏	♓	♌	♐	♈	♍	♑	♊	♎	♓	♋
AUG	♈	♌	♐	♉	♍	♒	♊	♏	♓	♋	♐	♈	♌
SEP	♉	♎	♒	♋	♏	♓	♌	♐	♈	♍	♑	♊	♎
OKT	♊	♏	♓	♌	♐	♉	♍	♑	♉	♎	♓	♋	♏
NOV	♌	♑	♉	♍	♑	♊	♏	♓	♋	♐	♈	♌	♑
DEZ	♍	♒	♊	♎	♓	♌	♐	♈	♌	♑	♉	♍	♒

	1936	1937	1938	1939	1940	1941	1942	1943	1944	1945	1946	1947	1948
JAN	♈	♌	♑	♉	♍	♒	♊	♎	♓	♌	♐	♈	♍
FEB	♉	♎	♒	♊	♏	♈	♌	♐	♉	♍	♑	♊	♎
MRZ	♊	♎	♒	♋	♐	♈	♌	♐	♉	♎	♒	♊	♏
APR	♌	♐	♈	♌	♑	♉	♎	♒	♋	♏	♓	♌	♑
MAI	♍	♑	♉	♎	♒	♊	♏	♓	♌	♐	♉	♍	♒
JUN	♎	♒	♋	♏	♈	♌	♑	♉	♎	♒	♊	♏	♓
JUL	♏	♈	♌	♑	♉	♍	♒	♊	♏	♓	♌	♐	♈
AUG	♑	♉	♎	♒	♋	♏	♈	♌	♐	♉	♍	♑	♊
SEP	♓	♋	♏	♈	♌	♑	♉	♍	♒	♋	♏	♓	♌
OKT	♈	♌	♑	♉	♎	♒	♊	♎	♓	♌	♐	♈	♍
NOV	♊	♎	♒	♊	♏	♈	♌	♐	♉	♍	♑	♊	♏
DEZ	♋	♏	♓	♌	♑	♉	♍	♑	♊	♎	♒	♋	♐

	1949	1950	1951	1952	1953	1954	1955	1956	1957	1958	1959	1960	1961
JAN	♑	♊	♎	♓	♋	♏	♈	♌	♑	♉	♍	♒	♋
FEB	♓	♋	♐	♈	♍	♑	♉	♎	♒	♊	♏	♈	♌
MRZ	♓	♋	♐	♉	♍	♑	♊	♏	♓	♋	♏	♈	♌
APR	♉	♍	♒	♊	♎	♓	♋	♐	♈	♌	♑	♊	♎
MAI	♊	♎	♓	♋	♐	♈	♍	♑	♉	♎	♒	♋	♏
JUN	♌	♐	♈	♍	♑	♊	♎	♓	♋	♐	♈	♌	♑
JUL	♍	♑	♊	♎	♓	♋	♏	♈	♌	♑	♉	♍	♒
AUG	♏	♓	♋	♐	♈	♍	♑	♉	♎	♒	♊	♏	♈
SEP	♐	♈	♍	♑	♊	♎	♒	♋	♐	♈	♌	♑	♊
OKT	♑	♊	♎	♓	♋	♏	♓	♌	♑	♉	♍	♒	♋
NOV	♓	♋	♏	♈	♍	♑	♉	♎	♒	♊	♏	♈	♌
DEZ	♈	♌	♑	♊	♎	♒	♊	♏	♓	♌	♐	♉	♍

	1962	1963	1964	1965	1966	1967	1968	1969	1970	1971	1972	1973	1974
JAN	♏	♓	♌	♐	♈	♍	♑	♊	♎	♒	♋	♐	♈
FEB	♐	♉	♍	♒	♊	♏	♓	♋	♏	♈	♍	♑	♉
MRZ	♐	♉	♎	♒	♊	♏	♈	♌	♐	♉	♍	♑	♊
APR	♒	♋	♏	♈	♌	♑	♉	♍	♒	♊	♏	♓	♋
MAI	♓	♌	♐	♉	♍	♒	♊	♎	♓	♋	♐	♈	♍
JUN	♉	♎	♒	♊	♏	♓	♌	♐	♉	♍	♑	♊	♎
JUL	♊	♏	♓	♌	♐	♈	♍	♑	♊	♎	♓	♋	♐
AUG	♌	♐	♉	♎	♒	♊	♏	♓	♋	♏	♈	♍	♑
SEP	♍	♒	♋	♏	♓	♋	♐	♉	♍	♑	♊	♎	♓
OKT	♏	♓	♌	♐	♈	♍	♒	♊	♎	♒	♋	♐	♈
NOV	♐	♉	♎	♒	♊	♎	♓	♋	♐	♈	♍	♑	♉
DEZ	♑	♊	♏	♓	♋	♐	♈	♌	♑	♉	♎	♒	♊

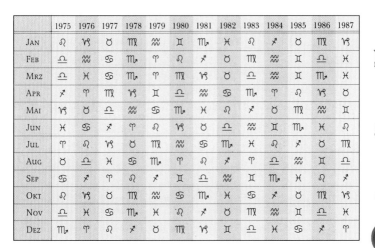

	1975	1976	1977	1978	1979	1980	1981	1982	1983	1984	1985	1986	1987
Jan	♌	♑	♉	♍	♒	♊	♏	♓	♌	♐	♉	♍	♑
Feb	♎	♒	♋	♏	♈	♌	♐	♉	♍	♒	♊	♎	♓
Mrz	♎	♓	♋	♏	♈	♍	♑	♉	♎	♒	♊	♏	♓
Apr	♐	♈	♍	♑	♊	♎	♒	♋	♏	♈	♌	♑	♉
Mai	♑	♉	♎	♒	♋	♏	♓	♌	♐	♉	♍	♒	♊
Jun	♓	♋	♐	♈	♌	♑	♉	♎	♒	♊	♏	♓	♌
Jul	♈	♌	♑	♉	♍	♒	♋	♏	♓	♌	♐	♉	♍
Aug	♉	♎	♓	♋	♏	♈	♌	♐	♈	♎	♒	♊	♎
Sep	♋	♐	♈	♌	♐	♊	♎	♒	♊	♏	♓	♌	♐
Okt	♌	♑	♉	♍	♒	♋	♏	♓	♋	♐	♉	♍	♑
Nov	♎	♓	♋	♏	♓	♌	♐	♉	♍	♒	♊	♎	♓
Dez	♏	♈	♌	♐	♉	♍	♑	♊	♎	♓	♋	♐	♈

	1988	1989	1990	1991	1992	1993	1994	1995	1996	1997	1998	1999	2000
Jan	♊	♎	♒	♋	♏	♈	♌	♑	♉	♎	♒	♊	♏
Feb	♋	♐	♈	♍	♑	♉	♎	♒	♋	♏	♈	♌	♐
Mrz	♌	♐	♉	♍	♒	♊	♎	♓	♋	♏	♈	♌	♑
Apr	♍	♒	♊	♏	♓	♋	♐	♈	♍	♑	♊	♎	♓
Mai	♏	♓	♌	♐	♈	♍	♑	♉	♎	♒	♋	♏	♈
Jun	♐	♉	♍	♑	♊	♎	♓	♋	♐	♈	♌	♑	♉
Jul	♑	♊	♎	♒	♋	♐	♈	♌	♑	♉	♎	♒	♋
Aug	♓	♌	♐	♈	♍	♑	♉	♎	♓	♋	♏	♓	♌
Sep	♉	♍	♑	♊	♏	♓	♋	♏	♈	♌	♑	♉	♎
Okt	♊	♎	♒	♋	♐	♈	♌	♑	♉	♎	♒	♊	♏
Nov	♌	♐	♈	♍	♑	♉	♎	♒	♋	♏	♈	♌	♑
Dez	♍	♑	♉	♎	♒	♋	♏	♈	♌	♐	♉	♍	♒

DAS
SONNENSYSTEM

DIE STERNE HABEN, MIT AUSNAHME DER SONNE, IN DER ASTROLOGIE
KEINE BEDEUTUNG. DIE ASTROLOGEN BENUTZEN JEDOCH DIE
KONSTELLATION DER PLANETEN IM SONNENSYSTEM, UM DARAUS DEN
CHARAKTER UND DIE ZUKUNFT EINES MENSCHEN ZU BESTIMMEN.

Pluto

Pluto umkreist die Sonne einmal in
246 Erdjahren. Er beeinflußt unsere In-
stinkte und Wünsche und verleiht uns
Kraft in Notsituationen. Er verstärkt
auch unseren Hang zur Grausamkeit.

Neptun

Neptun bleibt in jedem Sternzeichen
14 Jahre. In günstigen Fällen verleiht
er uns Sensibilität und Phantasie; in
schlechten ruft er Egoismus und Hin-
terlist hervor.

Uranus

Sein Einfluß macht uns freundlich,
charmant und erfinderisch, aber auch
exzentrisch und unberechenbar.

Saturn

Im Altertum war Saturn der am weites-
ten entfernte Planet. Er dämpft unseren Ehrgeiz und macht uns entweder
übervorsichtig (aber praktisch gesinnt)
oder zuverlässig und selbstbeherrscht.

SATURN

PLUTO

NEPTUN

URANUS

Jupiter

Jupiter weckt Optimismus, Großzügigkeit und Phantasie in uns, kann uns aber auch zu verschwenderischen und extravaganten Menschen machen.

Mars

Mars steht für Kraft, Aggressivität, Zorn, Egoismus und starke Sexualität, aber auch für Entscheidungsfreude und Führungsqualitäten.

JUPITER

Erde

Jeder Planet steuert seinen Teil zum gesamten Sonnensystem bei. Jemand, der auf der Venus geboren wurde, wurde zweifellos auch vom Planeten Erde in irgendeiner Form beeinflußt.

Der Mond

Obwohl der Mond nur als Satellit die Erde umkreist, zählt er in der Astrologie zu den Planeten. Er ist rund 384 000 km von der Erde entfernt und ist, astrologisch gesehen, nach der Sonne der zweitwichtigste Planet.

MERKUR

MOND

VENUS

ERDE

MARS

Die Sonne

bestimmt unsere Persönlichkeit und die Art, wie wir in der Welt auftreten.

Venus

Der Planet der Liebe und Freundschaft verstärkt unsere positiven persönlichen Eigenschaften, kann uns aber auch faul, unpraktisch und abhängig machen.

Merkur

Der am nächsten zur Sonne stehende Planet verleiht uns Wißbegierde, Überzeugungskraft, Klugheit, Gewandtheit; er kann uns aber auch inkonsequent, zynisch und sarkastisch machen.